アドリア海、中部最大のアンコーナ(Ancona)港

フォッジャ(Foggia)から訪れるガルガーノ(Gargano)岬の美しい海岸

ルチェーラ (Lucera) の
西にひろがる広大な城跡

アルベルベッロの
トゥルッリ (trulli)

マテーラの岩の住居、
サッシ (Sassi)

パエストゥム（Paestum—ギリシャ巨大遺跡）のチェレーレ（Cerere）神殿
（© Fototeca ENIT）

ヴィッラ・ディ・S.ジョヴァンニ（Villa di S.Giovanni）からメッシーナ（Messina）に向かう連絡船

ホテル・コンドル（Hotel Condor）から、はるかに見下ろすタオルミーナ（Taormina）の町

タオルミーナの
ギリシャ劇場跡

オスティア・アンティーカ
(Ostia Antica) の劇場遺跡
(© Fototeca ENIT)

美しいサボテンの群れ

註：口絵の写真、本文中の写真は、ENIT から提供し
ていただいたもの以外はすべて鴨田重行、鴨田
勒子氏の撮影したものである。

ローマの東へ、ローマの南へ、
シチリアのタオルミーナへ３週間の旅

ローマの東へ、ローマの南へ、
シチリアのタオルミーナへ3週間の旅

目　次

はじめに ……………………………………………………………… 5

第Ⅰ章　旅をはじめる
　　　　―成田からローマ、ローマの東、ウンブリア州のフォ
　　　　リーニョ、アッシジ ……………………………………… 11

第Ⅱ章　ファブリアーノとマルケ州のいくつかの町 …… 19

第Ⅲ章　フォッジャからアドリア海ぞいのガルガーノ岬
　　　　および西方の丘陵地帯ルチェーラへ ………………… 31

第Ⅳ章　バーリからアルベロベッロ、マテーラへ …… 39

第Ⅴ章　半島の東側バーリから半島の西側サレルノ
　　　　への移動 ……………………………………………… 47

第Ⅵ章　サレルノ　→エーボリ　→パエストゥム　→ヴィラ・
　　　　ディ・S.ジョヴァンニ　→メッシーナ ………………… 53

第Ⅶ章　メッシーナから、あでやかで、絢爛、
　　　　タオルミーナへ ……………………………………… 57

第Ⅷ章　エトナ山周遊鉄道 ………………………………… 63

第Ⅸ章　メッシーナから輝くパレルモへ ……………… 69

第X章　広々としたシチリア州の東西南北 ················· 77
　　　　1　西のエリア ··· 77
　　　　2　南、アグリジェント ····································· 78
　　　　3　パレルモ東方向、山上の町エンナ、カルタニ
　　　　　　セッタ ··· 79
　　　　4　カターニア ··· 79
　　　　5　アルキメデスの名をつたえるシラクーサ ········· 80
　　　　6　バロックの世界遺産・ラグーザ ····················· 80

第XI章　タオルミーナから、サレルノをへて、
　　　　オスティアへ ·· 83

美術散策

【1】Museo della Carta e della Filigrana（製紙と透かし技術
　　　博物館）29
【2】Galleria Borghese（ボルゲーゼ美術館）89
【3】噴水庭園『テイヴォリのエステ家別荘』
　　　イタリアの世界遺産
　　　Tivoli（Villa d'Este e Villa Adriana）91

（記　鴨田重行）

糸杉の小道

① 夕食の会計、テーブルごと？　部屋ごと？　18
② アルベロベッロの《定食専門店》28
③ 失礼だったかな？　38
④ バスの中で、白タクを紹介される。46
⑤ 交渉、お見事！　50
⑥ 私たちもおうようでなかったかな。56
⑦ シチリアの"米コロッケ"62
⑧ 列車の中の老婦人　68
⑨ サボテンの実　75
⑩ 《並木道》—olmo・tiglio・cipresso　88

はじめに

　ローマの東を、ついでローマの南を、さらにシチリアのタオルミーナ（Taormina）を、3週間にわたってゆっくりとめぐった。

　最初の1週間にはウンブリア州のフォリーニョ（Foligno）2泊と聖フランチェスコがつくりあげた大宗教都市アッシジ（Assisi）へ、ついで美術紙を製造する企業の町として歴史的にも名高いマルケ州のファブリアーノ（Fabriano）とアンコーナ（Ancona）を歩いている。

　ウンブリア州も、マルケ州も、ローマが位置するラツィオ州の北方向と東方向になる。旅がローマの南にはいるのは、プッリア州のフォッジャ（Foggia）以降のことである。

　フォッジャ滞在中、まず訪ねたのは、北東方向遠く、アドリア海沿いのガルガーノ岬（Gargano）とウンブラ森林（Umbra）——両者はガルガーノ国立公園を構成している——とヴィエステ（Vieste）である。日をあらためて、西方、ルチェーラ（Lucera）を歩き、ダウニ連山（Dauni）の麓を下っている旧跡のつらなりに思いを馳せ、いつの日かの再訪をきめている。

フォッジャに3泊したあと、プッリア州の州都で、南イタリアきっての大商業都市バーリ（Bari）に4泊した。ここから、石版のとんがり帽子屋根を特徴とするトゥルッリ（Trulli）という地域色豊かな住宅がみられるアルベロベッロ（Alberobello）、丘陵の山腹に石の住居が立ちならぶマテーラ（Matera）を訪れる。アルベロベッロもマテーラも日本からの旅行者が数多い。

　フォッジャとバーリはイタリア半島の東側であるが、つぎにバーリからイタリア半島の西側へ移動する。この移動には3つの道筋があり、それぞれに興味がふかく、いずれのコースをとっても記憶の奥底に刻まれる印象をえることができるだろう。

　第1の道筋はバーリからフォッジャへもどり、ベネヴェント（Benevento）、カゼルタ（Caserta）などの町を周遊しながら、地中海に面するサレルノ（Salerno）へでるコースである。

　第2の道筋はバーリから南方向のターラント（Taranto）へ向かい、メタポント（Metaponto）からアッペンニーニ（Appennini）山中にはいり、北北西にすすんで、エーボリ（Ebori）、バッティパッリア（Battipaglia）をへて、サレルノにむかう。エーボリは、ファシストに逮捕、のちに流刑されたC・レーヴィが名著『キリストはエボリに止まりぬ』を書いた村である。

サレルノからヴィッラ・ディ・S. ジョヴァンニ港へ南下して、シチリアにわたる。

　第3の道筋はターラントからターラント湾にそってレッジョ・ディ・カラーブリア（Reggio di Calabria）へ南下し、ここからヴィッラ・ディ・S. ジョヴァンニ（Villa di S.Giovanni）へ北上して、シチリアへの連絡船にのる、というものである。旅にゆるされた時間にもよるが、第3の道筋はローマの南の深奥をたどるものである。

　サレルノの南から西は海に面しており、明るい町である。南方向には、ギリシャの神殿、市民広場（Foro）、円形劇揚、運動揚、浴場などの遺構をのこす巨大なパエストゥム（Paestum）がある。

　サレルノから列車で Villa di S.Giovallni へ南下、列車はこの港で乗客を乗せたまま連絡船に乗船して、シチリア島へわたる。

　シチリアでは夏休みがおわったあとも高齢の観光客であふれるタオルミーナ（Taormina）で3泊する。

　タオルミーナからはおなじコースをとってサレルノにもどり、一泊、ローマの西郊、オスティア（Ostia）に4泊して、オスティア・アンティーカ（OstiaAntica）、ローマの散策などを楽しむ。

ローマの東へ、南へ、さらにシチリアを、わずかな一部とはいえ、3週間で歩くのはいかにもせわしない。それで、遠い昔に訪れて、今なお鮮明な記憶が薄れずにいる町の近くを通ったときには、記憶と若干の新しいデータをくわえて、その町にも触れることにする。マルケ州のマチェラータ、カメリーノ、フェルモ、アスコリ・ピチェーノ、カンパーニャ州のパエストゥム、シチリア州のエトナ山周遊、パレルモ、シチリア島東西南北の町々などがそれである。

　イタリア中部にあるミラノ、ヴェネツィア、ボローニャ、フィレンツェ、ローマなどの大都市は、都市の空間だけでなく、地中はるか深くまで都市の建造物が支配し、これに歴史、文化が深く積み重なっている。ローマの以南では、周辺の自然が豊かであるため、都市の建造物が地中のはるか深くまで支配しきっているという感覚はうまれない。ヨーロッパの諸権力のあいだの闘いはむろんこの地でもつづいたが、マラリアなどの病がそれを限ったのだろうか？　いまやマラリアの心配などないローマ以南は、のんびりと、ゆったりと旅程を楽しもうとする人々にこれ以上はないエリアを提供してくれる。

　イタリア中部の北方はるかにはアルプス山脈がつらなる。1年をとおして、白い帽子をかぶる全長1000kmにもおよぶアルプスの山々へ登っていく道筋にはまた中部の都市とは異なる歴史、文化、自然、景観が、西方、フランスとの国境から、スイスとの国境い、オーストリアとの国境まで延々とつづく。

だがこのエリアの夏は短い。8月がおわると、つぎのスキーシーズンにむけて、また夏のあいだ働いた従業員の休暇のためにもホテルは休業にはいってしまう。これにたいしてローマの南は8月の繁忙がおわったあとも旅行シーズンはつづく。9月以降はさらに気候はよく、ゆっくりと、のんびりと旅する人々を受け入れ続けるのである。

　自分たちでホテルを予約し、列車とバスによる旅は、エネルギーを要する。しかし、時刻表をよく研究し、また切符売り場で、時間をかけて、普通列車（regionale）にするか、急行（intercity）にするか、それとももっと上の特急（Freccia）にするかを相談するのも、大きな満足感と、充足感をもたらす。いずれにしろゆったりとした気分で、焦らないことだろう。

第Ⅰ章 旅をはじめる
　　　—成田からローマ、ローマの東、ウンブリア州の
　　　　フォリーニョ、アッシジ

1）成田からローマへ

　成田からローマへむかう飛行機の空路は成田からミラノへむかう空路とは異なる。ミラノへの空路はシベリア上空にはいってからもっぱらシベリア北部の上空を飛ぶ。シベリア上空を過ぎるとさいごはスイス上空からミラノ空港へ降りていく。これにたいして、成田 – ローマの空路はシベリアにはいってからはその南部の上空を飛び、ユーゴスラヴィア上空からアドリア海を横断してローマ・ヒュミチーノ空港へ降りていく。到着は 19：00 ごろである。

　この日の宿泊はヒュミチーノ空港にした。ヒュミチーノからローマ・テルミニまでは電車で簡単に行けるのだから、ローマ市内に宿をきめておくこともできる。

2）フォリーニョ

　第2の宿泊地フォリーニョ（Foligno）はローマ・テルミニからアンコーナ行きの列車に乗車する。16：00発とあるが、発車する番線が時刻表になかなかあらわれない。アンコーナ行きの路線はローマ・テルミニにおいては重要路線ではないことを知っていたほうがいい。5～6分前に駅員から15時58分1番西線ときいて、4人全員汗だくで駆けに、駆ける。やっとのことで間に合う。

　列車はローマ・テルミニを出ると北東方向へすすむ。ラツィオ州（Lazio）をでてウンブリア州（Umbria）にはいると、こんどは北上する。およそ90分でトレヴィ（Trevi）。トレヴィのつぎがフォリーニョであるが、トレヴィの町は、鉄道のすぐ脇、円錐形の丘の頂きまでお伽の国のような姿をひろげて登っている。あまりにも魅力的なので、フォリーニョにつく前にこの町に心を奪われてしまいそうである。

　フォリーニョはウンブリア州、ペルージャ県下のコムーネで、人口6万人弱。鉄道駅前からウンベルトⅠ世通り（Via Umberto I）を北西方向にすすむと、すぐに下りになり、町の中心部（Centro）にはいる。共和国広場（Piazza di Repubblica）を中心にして東側に聖フェリチアーノ・大聖堂（Cattedrale di S.Feliciano）、西側に市庁舎、ポデスター館

(Palazzo Podestà)、北側に市博物館、デーリ館が立つ。いずれも歳月をへた由緒ある建物である。9月20日通りが北へ登り、トピーノ川が町の北端をなす。

フォリーニョでは《Hotel Le Mura》に宿をとった。その晩、フロントが、"本日はここのレストランが休みなので、スープ (Zuppe) だけの店を"Pruil"を推薦するというので、そこへいく。'スープ'への特化をかかげるレストランは珍しい。イタリア人が他の店を薦めることなどありえないから、恐らく親戚なのだろう。料理は十分においしかった。単なるスープよりもコクがあり、十分に食感を満たしてくれた。私たちの一人はスープを一皿たのしんだあと、もう一皿注文した。帰りに赤と白のワインを2本くれた。

明日はアッシジ (Assisi) にいく。アッシジはさらにフォリーニョの北方向である。

3) アッシジ

翌日、アッシジにいった。バスで赴くものとおもっていたが、電車がフォリーニョからアッシジへ、さらにペルージア (Perugia)、アレッツ (Arezzo) をへて、フィレンツェ (Firenze) まで走っている。

アッシジ駅で降りると、東側の丘の上へ、南東から北西に向

けて多くの、しかも、それぞれに規模の大きな教会、修道院、寺院群が連なっている。12世紀、裕福な家庭に生まれ、無頼な生活をおくっていたフランチェスコが、一転、深い宗教生活にはいり、彼の死後もフランシスコ修道会の中心の町として世界に知られている。北西部、最高所までバスでのぼる。聖フランチェスコ聖堂である。聖堂から南東方向へS.フランチェスコ通りがくだり、他の宗教施設もこの通りにそって、また、通りの北東側に、または南西側につらなる。コムーネ広場（Piazza Del Comune）、Sanルフイーノ広場（Piazza San Rufino）はS.フランチェスコ通りにそって、S.ジャコモ門（Porta S・Giacomo）、大城砦（Rocca Maggiore）、ペルーチ門（Porta Peruci）、小城塞（Rocca Minore）などは北東側に、Sannフランチェスコ門、S.ペテロ門（Porta S.Petero）、S.ペテロ教会（Chiesa di S.Petero）、セメントゥーネ門（Porta Del Sementune）、S.M.マッジョーレ教会（Chiesa di S.M.Maggiore）、モラーノ門（Porta Molano）、サンタ・キアーラ聖堂（Basilica di S.Chiara）などは南西側に連なっている。

聖フランチェスコ聖堂の前で2人ずつにわかれ、博物館、教会、修道院などを気のおもむくままに見学しながらアッシジ（Assisi）の駅に降りることにする。

私たちはバス路を避け、細い道をえらんでゆっくりと降りていく。アッシジの駅は西方向の眼下であるが、私たちが降りていくコースはどんどんと西南の方向にむかう。寺院群の上から

西の方向、駅近くにみえた教会の塔もはるか北東方向へ遠くなる。よく歩いた。約束の待ち合わせ時間に 15 分ほど遅れた。駅のバールでパンにハムとソーセージをはさんだパニーニ（Panini）の昼食をとる。

　このあと旅の仲間はトレヴィへ登ることを希望したのだが、電車を 2 時間ほど待たねばならないので、それを断念して反対方向のペルージアを歩くことにする。かつて電車は丘の下の平地を走り、丘の下の駅からバスがペルージアの町に登っていたのだが、いま、フォリーニョから、アッシジ、ペルージア、アレッツォをへてフィレンツェにむかう電車は丘陵の中腹を走る。ペルージアの町はすっかり現代化して、人とビルがびっしりと通りをうめる。50 年前の面影はまったくない。かつてペルージアはイタリア外国語大学、外国人学生、下宿人をうけいれる家庭、3 者の町であり、そのような町として独立した文化をもっていた。フォリーニョ、ペルージア、アレッツォ、フィレンツェを走る電車はペルージアをフィレンツェの文化に吸収しているのではないか。交通網の発展が文化圏の様相を変えるのは当然のことだろうが。

　帰り道、ムーラ・ホテルと《Zuppe スープ》の店『Pruil』がおなじ看板に名をつらねているのをみた。ムーラ・ホテルの横に城の城壁の跡がある。'Mura' は壁とか、城壁の意味である。

　夕食はホテルのレストランでとる。肥えたカメリエーレ

(cameriere）が登場した。ていねいで、しかも、堂々たる態度をしている。カメリエーレとしてトップ・クラスだろう。ホテルの所有者、Pruilの経営者と縁戚関係にあることは私たち外国人にもわかる。この地方特有の野菜と、その野菜がはいったスープについてくわしい説明をうける。ていねいな説明をうけたこの地方特有の付け合わせ野菜もうまい。

　翌朝、駅まで歩いて距離感をはかる。歩くのは可能か？　タクシーを呼ぶほうがよいか？　さしたる距離ではなかった。10時チェック・アウト。

　駅で、旅の仲間が待合室の方へ行った。仲間は、待合室からでて、30mほど先に姿を現わしたのだが、仲間の配偶者が「あ！鞄が」と言って走り出すよりも前に、本人が踵をかえしてUターン、こんどは手に鞄をかかえてもどってきた。鞄のなかにはパスポートをふくめ、全財産がはいっており、それを待合室に置き忘れたのであった。踵を返したのは配偶者の声が聞こえたからではない。「河野の顔をみたら、おととい、タクシー代の半分を払っていないことをおもいだし、ついで、貴重な袋を置き忘れたことにきづいたのだ。ただちに待合室にもどった。鞄は無事だった」のである。

　よかった。これを失っていたら旅は終わりだった。

　20年ほど前になるだろうか、私たちはミラノの空港でパス

ポートのはいったリュックサックを盗まれた経験がある。大きな円柱をかこむ空港の椅子で、私は横にリュックサックを置いて、配偶者が電話をかけるのをまっていた。そのとき、前を通りかかった男がチャリンと大きな音をたてて財布を落とした。「あ！　財布が落ちましたよ！」男は財布をひろって立ち去った。この間2～3秒、気が付くと横においたリュックサックは消えていた。

　さあ、それからが大変であった！　ノバーラ（Novara）の警察署で盗難証明を書いてもらったのが深夜2時すぎ、ローマの大使館に仮のパスポート発行を申請、夏休みの時期のためパスポート用の写真取得までに4日ほどかかった。日本の金融機関の預金通帳の閉鎖にもたいへんな時間とエネルギーをとられた。

　パスポートを筆頭とする貴重品は肌身につけておくことを体の奥底にまで刻み込んだ経験であった。

糸杉(いとすぎ)の小道(こみち)

①夕食の会計、テーブルごと？　部屋ごと？

　夕食の際、「チェック・アウトのさい、部屋代と食事代をいっしょに払うので、夕食の代金を部屋ごとに記録しておいてほしい」と要望した。これが主任ウエイトレスにはよく理解できないようだった。他のウエイトレスは、事態をやや皮肉にみているようだったが、なにも口にはしなかった。私たちのあいだでは、主任ウエイトレスがホテル所有者の縁戚関係者ではないかと話し合ったほどであった。このことで、支払いのさい、各部屋、同額の支払いとするか、それぞれ別額の支払いとするかで、ホテル側ともめた。同行者はアメリカにたびたび旅行に出かけており、食事代を部屋わりにすることには慣れている。他方、イタリアでは、食事代は中心人物の支払いとなることが多く、部屋ごとに分割されることはあまりみられない、ことに起因しているのだろうか？

第Ⅱ章　ファブリアーノとマルケ州のいくつかの町

1）ファブリアーノ

　フォリーニョの駅で、胸をなでおろした私たちは 11 時 33 分のアンコーナ行きの列車に乗車した。列重は北上し、ウンブリア州からマルケ州にはいって 12 時 24 分ファブリアーノ（Fabriano）につく。ファブリアーノでは、マルケ州ウルバーニアという町に住む知人家族と夕食をとる約束がしてあった。それにくわえて、マルケ州のすばらしい町、アンコーナ（Ancona）、マチェラータ、カメリーノ、フェルモ、アスコリ・ピチェーノのいくつかを訪ねることを予定していた。

　タクシーでホテル・レジデンツァ・チェラーミカ（Residenza Ceramica）へ。

　チェック・イン前の時間なので、ちかくの Kebab（ケバブ）で食べる物を購入、ホテルの庭でお茶とコーラーを注文して昼食をとった。

そのあと、チェック・イン。きれいな部屋である。3つ星としてはレベルが高い。

一人をのこして、3人で町へ。ファブリアーノの様子はフォリーニョに似ている。町の中心を南から北へ共和国大通り（Corso dela Repubblica）が走り、その通りにそって、Podestà館（Palazzo del Podestà）、コムーネ広場（Piazza del Comune）、市庁舎（Palazzo del Comune）がならび、西方向のガリバルディ広場（Piazza Garibaldi）から南へすすむと紙と透かしもようの博物館（Museo della Carta e della Filigrana）に行き当たる。ファブリアーノは美術紙を生産する町として中世から名高い。聖ルカ修道院（Monastero di San Luca）、聖フランチェスコ開廊（Loggiato San Francesco）、サンタ・マリーア教会（Chiesa di Santa Maria Maddalena）をはじめとして由緒ある宗教施設が町を埋め尽くしている。

製紙博物館の先は広い公園がひろがる。

共和国大通りの先は登りになり、ピッツェリーア、オステリーア、トラットリーア、タヴェルナが軒をつらね、町の北端にいたる。いずれもレストランよりも庶民的な食事処である。

案内しようとする老人が2人あらわれたが、いずれもことわる。

ツーリスト・インフォメーションで地図をもらって、ホテルに帰る。

　朝、ファブリアーノ駅までの距離と地理を確認するため、歩く。駅のすぐ先に公園がひろがり、公園を東にくだれば町の中心部である。

　2人ずつにわかれて、町を歩く。北の端まであるく。

　いったんホテルにもどり、4人で夕食にでる。町の中心をこえて、のぼりみちにあるオステリーアにはいる。

2）アンコーナ

　9月17日、日曜日、アンコーナ（Ancona）へいく。日曜日には列車の本数が極端に少なくなるので、私たちの旅では、列車をつかっての遠出はしないのだが、往復のみの乗車であるので、この日、アンコーナ（Ancona）を訪れることにした。アンコーナはアドリア海中部に面する港で、中世から東方貿易の拠点であった。人口10万人の州都である。駅前は整備されておらず、きれいでもないが、マルコーニ通り（Via Marconi）と9月29日通り（Via 29 Settembre）をすすむと港沿いに堂々たるヴァンヴィテッリアーナ要塞（Mole di Vanvitelliana）、ついで共和国広場（Piazza della Repubbrica）、右にはいってカヴール広場（Piazza Cavour）がつづく。

　港沿いをさらにすすむと聖マリーア要塞（Molo S.Maria）、ダンテ・アリギエーリ広場（Piazza Dante Alighieri）、右手の丘陵の上に聖チリアーコにささげられたドゥオーモ（Cattedrale San Ciriaco）、上院館（Palazzo del Senato）、考古学博物館（Museo Archeologico）、聖フランチェスコ教会を仰ぎ見る。ドゥオーモ広場からはアドリア海の東側、南側、西側の大きな眺めが一望できる。

3）マチェラータ、カメリーノ、フェルモ、アスコリ・ピチェーノ

　アンコーナの南方向の鉄道駅から西方向山上の中小の町々を訪れることができる。アッペンニーニ山脈が東のアドリア海へ下っていく山々の町である。チヴィタ・ヌオーヴァ・マルケ（Civita Nuovo Marche）からマチェラータ（Macerata）、カメリーノ（Camerino）へ、ポルト・サン・ジョルジョ PortoSanGiorgio からフェルモ（Fermo）へ、S.ベネデット（S.Benedetto）からアスコリピチェーノ（Ascoli Piceno）などである。

　マチェラータはファブリアーノの東方向に位置し、ファブリアーノからチヴィタノーヴァ・モンテフラナーロへの支線で赴く。この支線にカステルライモンド（CasterRaimondo）という駅があり、カメリーノへはこの駅からバスで20分ほどである。マチェラータの南西方向となる。

　マチェラータの町とカメリーノの町は、いずれも小さな丘の上にあり、古く、由緒ある建物が立ち並んでいる。マチェラータの中心は自由の広場（Piazza di Libertà）で、これを市庁舎（Palazzo del Comune）、プレフェット庁舎（Palazzo della Prefettura）、市場開廊（Loggia del Mercanti）、元聖パオロ教会（ex Chiesa S.Paolo）、マチェラータ大学（Palazzo di

Università）が囲む。中心部から離れて、コンパニョーニ・マレホスキ館（Palazzo Compagnoni Malefoschi）、ブオーナッコルシ館（Palazzo Buonaccrsi）、ドゥオーモ（Duomo）、マドンナ・デッラ・ミゼリコォルディア大聖堂（Il Santuario basilica della Madonnna della Misericordia）、聖ジュリアーノ門（Porta S.Giuliano）など、ふるい建物が連なっている。

　カメリーノでは大司教館（Palazzo Arcivescovile）、大学（Palazzo di università）、ドゥオーモ（Duomo）、旧フランチェスコ教会（ex Chiesa S.Francesco）、聖フィリッポ教会（Chiesa S.Filippo）、聖マリーア・イン・ヴィーア教会（Chiesa di S.Maria in via）、旧アンヌンツィアータ教会（ex Chiesa dell'Annunziata）が見もので、それに丘の西はずれのボルジア砦（Rocca di Borsia）がくわわる。

　フェルモへ赴くにはアンコーナの南ポルト・S. ジョルジョーフェルモ駅で下車、駅前からバスにのる。
　駅前の町をぬけるとすぐにマルケの丘のなかにはいる。ゆったりとした斜面が大きくからだをのばしている。25分でフェルモ中心部の右下に到着する。アーチをくぐると大きいポポロ広場（Piazza del Popolo）である。市庁舎（Palazzo Comunale）、教育館（Palazzo di Studi）、使徒館（Palazzo Apostolico）とともにアイスクリーム、ピッツァの店もある。広場の上方にはドゥオーモの塔があり、松の梢がそよぐ。

巨大なローマの水槽（Cisterna Romano）がフェルモの水槽として使われてきた。3列に並ぶ30の水槽がアーチでつながっている。一つの長さが9m、幅6m、高さ6m、水槽全体の広さ2222平方メートル、外の壁の厚さ1.65mのコンクリート、隔壁75cmである。

　この水槽はみものである。Cisterna Romanaは2017年に改築されている。

　アスコリ・ピチェーノへ赴くには、アンコーナから南下し、ポルト・S.ジョルジョを過ぎ、サン・ベネデットで下車、ここから列車、またはバスで行く。サン・ベネデットを出た乗り物はアッペンニーニ山脈からアドリア海へ下っていく山や丘をのぼり、アスコリ・ピチェーノ駅につく。

　マラテスタ砦（Forte Malatesta）、ピア砦（Fortezza Pia）、アッリンゴ広場（Piazza Arringo）、アレンゴ館、5世紀のDuomoと12世紀の洗礼堂（Battistero）、13世紀から建造が始まっている聖フランチェスコ教会（Chiesa di S.Francesco）、この教会よりも旧い聖マリーア・インテルヴィーネアス教会（Chiesa di S.Maria Intervineas）等々、まさに歴史のつまった町である。

　町の北側と南側に川が深い流れをつくる襖形台地上の町であるが、東西にはしる町の中心軸の南側がさらに高い丘陵となっている。町は中央のラインから北へもゆるやかに傾斜している。

西側はアッペンニーニの山々、南側も丘陵、遠い北側にも山々がつらなるのだが、とりわけ強い印象をあたえるのがアッシェンシオーネ山（1103m Ascenscione）である。山頂の峯、左右の裾野の引きかた、山と町のあいだの距離感などがセザンヌの描く「故郷のサン・ヴィクトワール山」によく似ている。感銘する旅人もあろう。

　ファブリアーノへもどる。19時、昨日とおなじオステリーアにいく。日曜日のオステリーアは閑散としていた。

4）マルケ州の歴史

　マルケ州も、マルケ州の町も、長く、きびしい歴史を経験してきている。

　5世紀から北方民族の侵入が始まる。西ローマ帝国が絶滅したあと、東ローマ帝国が防衛の任をになっていたが、6世紀、この州はゴート族と東ローマ帝国のあいだの戦争で破壊され、何万という住民が死亡、司教座も市も消えた。生きのこった住民は丘の上に逃げ、小さな居住地をつくった。

　9世紀にはアンコーナなどがイスラム勢力の攻撃を受ける。

　カール大帝が神聖ローマ帝国の帝冠をうけた962年以降、ゴート族の王国も、ロンゴバルド王国も、神聖ローマ帝国も、

傘下の有力者に公・伯領を封土として与える。同時に、各地の有力者は実力をたくわえ、絶えず自立の強める。各都市の市民も経済活動の活発化にともない、11世紀ごろから自由コムーネへの動きを一段と活発化する。神聖ローマ帝国はイタリアの各都市を抑える遠征をいくたびも行わざるをえなかった。

　15世紀以降は神聖ローマ帝国にくわえて、フランス、スペインがイタリアの支配をめぐる争いに参加してくる。ハプスブルク家も神聖ローマ皇帝の地位を独占するようになる。

　この間、皇帝と教皇のあいだ、教皇と教皇領のあいだにも争いのたえることはない。教皇領の各都市、各地域にも不断に有力者がうまれ、ローマと、また互いの間で争いをつづけた。イタリアで国民国家の形成が遅れた理由の一つに教会国家の存在が指摘できる。

　諸権力間のこのような激烈な争いは、ローマ南のいたるところで、また、シチリア島の全土で、展開されている。この小冊子では、シチリア島パレルモにおいて、とりわけ広大な各地からの権力集団間で展開された激烈な争いを代表例として第Ⅸ章であげるにとどめる。

糸杉の小道

②アルベロベッロの《定食専門店》

　アルベロベッロを訪れた際の昼食時、定食食堂（Prezzo Fisso）を謳う店に入る。

　　16
　　20　　　ユーロ
　　25

と看板にある。20ユーロの定食を注文する。食欲をますような食物（Aperitivo）とメイン・ディッシュを兼ねたような皿がいくつもでてくる。リゾットもおいしかったし、さいごの菓子もうまかった。リゾットは日本からの観光客をターゲットとしているのか？

　アルベロベッロに行く機会があったら、探してみてください。

美術散策

【1】Museo della Carta e della Filigrana（製紙と透かし技術博物館）

　この博物館はFabrianoの町の中心地にほど近いところにある。

　現在あるような木材のパルプで出来た紙は中国で発明されたようだがヨーロッパでの紙は棉や麻のぼろ布地の繊維を溶かして作られていたようだ。そうした作製工程が良くわかるように1階には機械・道具類が展示され、館員が実際機械を操作し紙を作って見せてくれる。さらに理解を深めるように別室ではビデオでの解説も行われている。また2階には紙で作られたさまざまな品物が展示されており紙の用途が多面的に広がっている様子をうかがい知ることが出来る。写真は段ボールで作った羊の置物。

　博物館は公園に面しており所在もわかりやすい。

ダンボールの羊、物入れ、椅子

第Ⅱ章　ファブリアーノとマルケ州のいくつかの町　29

第Ⅲ章　フォッジャからアドリア海ぞいのガルガーノ岬および西方の丘陵地帯ルチェーラへ

　前日とおなじ列車でファブリアーノをたち、おなじ時刻にアンコーナに。セルフ・サービスで昼食をとり、12時のインターシティ（Intercity　急行）に乗る。席をさがす途中、座席に私のリックをおいて、同行者たちの席に移動した。おそらく列車がすいていたので、はなれた同行者の指定座席に移動したのだろう。リックを探しにもどるがみつけられない。同行者があとを追ってきてみつけてくれる。よかった。ほっとする。

１）フォッジャ

　アンコーナからフォッジャ（Foggia）は予想していたよりも遠い。アブルッツィ・モリーゼ州（Abruzzi Molise）をこえてプッリア州（Puglia）にはいって16時ちかくフォッジャについた。プッリア州、フォッジャ県、フォッジャ市、県都である。鉄道駅前から北へ、5月24日並木通り（Viale XXIV 5月）が伸び、150mあまりでカヴール広場である。大きな噴水が水

を噴き上げ、西側に美しい公園がひろがる。

　私たちが宿をとった水星ホテル・チコレッラ（Mercure Hotel Cicolella）は駅から100mもない。

　フォッジャ市は人口15万人ほど、穀倉地帯の中心、そして、きれいな町である。
　アフリカからの流入者が多く、路上の商いも数知れない。日本人も異なる人種と日本でもアジア、中国人との交流は進行しているが、肌の色の異なる人々と上手に共存するすべを身につけていかねばならないだろう。南北戦争後すでに150年を経過しているアメリカでの人種対立のはげしさ、EU、イタリアにおける移民問題の難しさを知るにしてもである。

２）ガルガーノ岬

　フォッジャからは、一日目が、北東方向、聖マッテーオ守護林、ウンブラ森林、スピーナ・プルチ森林をかかえて国立公園に指定されているアドリア海ぞいのガルガーノ岬（Gargano）を訪ねる。海浜の美しい町ヴィエステ（Vieste）が岬の北東端にちかい。二日目がフォッジャ西方丘陵の町ルチェーラ（Lucera）を訪ねる。

　ホテルのフロントでたずねると、ガルガーノへむかうバスの事務所はホテルの横である。さっそく時刻表をもらいにいく。

バス事務所の前からバスがでるというので、朝、10時45分までのんびりしていたら、前は前でも事務所からは100メートルほど離れた駅横のバス発着所からだときいて、走ることになる。20台ほどのバスがならんでいるので、どのバスがガルガーノ行きかを確認するのにもあせった、噴水広場の横をぬけて高速道路にはいる。北方向に500〜600ほどの丘陵地が立つ。石切り揚も目にはいる。その東はアドリア海である。

　丘陵が海にはいる直前にマンフレドーニア（Manfredonia）の町をぬけ、海浜ぞいの道をすすむ。

　バスは岬に着き、左折して海辺の町にはいる。マッティニーア（Mattinia）、波に浸食をうけた岩礁が美しい。ついでバスは森林の中にはいり、800mほどの山あいとウンブラの森（Umbra）をぬける。けわしい山岳地帯を走るのではなく、目にも心にも優しい森の中をゆっくりと走る。12時半ヴィエステ（Vieste）という海岸の町にいたる。イタリアでも名うての美しい海浜をもつ町として知られる。帰りのバスは14時45分、ゆっくりと昼食をとりたいのだが、夏休みが終わった直後のこととて、いずこも閉鎖つづきである。

　やっとみつけたオステリーアでは、4人とも、いわし、たこ、いか、ムール貝の酢のもの、クスクス（cuscus　蒸したクスクスに魚介スープをしみこませたシチリア料理）をとる。ほとんどアペリティーヴォ（Aperitivo　食欲をすすめる前菜）だけ

ですましたことになる。海産物をたっぷりとつかったリゾット（risotto　コメのご飯とおかゆの中間　美味である）を食べたかったが調理に時間がかかるので断念する。

　ヴィエステにくるとき、やっとバスに間にあった私は、あまり注意もせずに4人分の往復切符、8枚をドライヴァーに渡してしまった。ドライヴァーはなんの注意もはらわずに8枚に切りをいれた。帰途、私たちは、あまり注意もせずにすでに切りのはいっている切符をさしだした。さいしょ「2度のり」として使用をことわられたが、受け取りや往復のキップをみせ、7～8分かけてやっと納得してもらった。ドライヴァーが行き帰りとも同一人物であったことが幸いした。

3）ルチェーラ

　旅の予定では、フォッジャからはガルガーノ半島とルチェーラを訪れるだけだったのだが、フォッジャにきてみて、さらに4～5泊をあてたかったという強い希望がわいてきた。つまり、フォッジャの20kmほど西方、ルチェーラをこえて、ダウニ山群（Monti Dauni）が北から南へと連なり、この山の並びに魅力に満ちた集落が北から南へと点々と連続しているのである。

　カサールヌオーヴォ　モンテロターロ（Casalnuovo Monterotaro）
　カサールヴェッキオ　ディ　プッリア（Casalvecchio di

Cartina dei Monti Dauni
Provincia di Foggia - Puglia - Italia

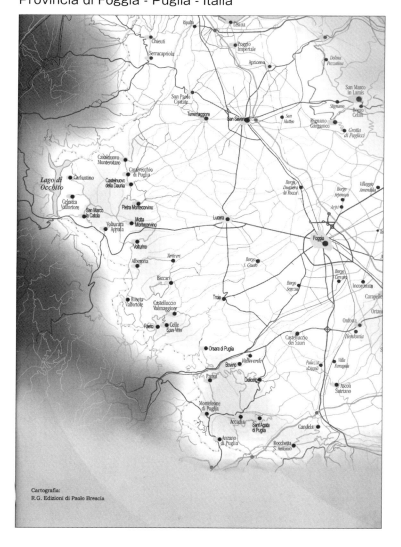

Puglia）
モッタ　モンテコルヴィーノ（Motta Montecorvino）
ヴォルトゥリーノ（Voblturino）
アルベローナ（Alberona）
ロゼート　ヴァルボルトーレ（Roseto Valfortore）

集落の連なりは一並びだけではない。さらにその東に
テルティレーリ（Tertireri）
ビッカーリ（Biccari）
カステッルッチョ　ヴァルマッジョーレ（Castelluccio Valmaggiore）
ファエート（Faeto）
チェッレ　サン　ヴィート（Celle San Vito）
アンツアーノ　デイ　プッリア（Anzano di Puglia）が、

西側にも

カルランティーノ（Carlantino）
チェレンツァ　ヴァルフォルトーレ（Celenza Valfoltore）
サン　マルコ　ラ　カトーラ（San Marco la Catola）
が連なり、その西にはオックビート湖が横たわる。

　フォッジャとダウニ山群とのあいだに散らばる集落はさらに多い。

ダウニ山群にそった集落を歩くのにどんな交通手段があるのかなど、調べねばならないこともあるだろう。いずれにせよ、今回はあきらめざるをえない。

　ルチェーラに行く。フォッジャとダウニ山群の間に位置し、中世、フリードリヒ2世が権力をふるった町である。

　ガルガーノ鉄道で一人往復6ユーロ、農業地帯を20分ほどで着く。駅前から坂をのぼって町にはいる。町そのものは小ぶりだが、はなやかなドゥオーモ、司教区博物館、マドンナ・デル・カルミネ教会、聖カテリーナ教会、聖ドメーニコ教会の散らばる絢爛たる町である。西側にひろい公園があり、その先に大規模な城がそびえる。強力な城である。

　フォッジャにもどる。

　朝　10時、チェック・アウト

　荷物をホテルにあずけて町を歩く。私たちは理髪店にはいる。カット11ユーロ。

　11時　荷物をうけとって、駅のバールに行く。物乞いがきては、カラビニエーリにつれだされる。

糸杉の小道

③失礼だったかな？

　ルチェーラの駅で乗車券のConvalidを手伝ってくれたイタリア人がいた。Grazie! と礼をいった。車中、男は「イタリア語が分かるのか」と、私の横に座った。座るや否や、こちらのことなどいっさい考慮せずに、流れるようにしゃべり始めた。「日本にいったことがある。大阪や神戸にも行った。」船乗りだったのだろうか？
　日本のことがおわると、今度はバーリ近くの有名な教会の話にうつり、案内するといいだしかねない雰囲気になってきた。こちらは旅行者としての警戒心もあるし、わずらわしくなる。対応が雑になると、こんどは同行者たちの席にうつって話し続けた。幸い、フォッジャの駅はさして遠くなかった。
　私の心は開いていないのか？　失礼だったかな？

第Ⅳ章　バーリからアルベロベッロ、マテーラへ

　12時38分の特急に乗る。アフリカからの移住者が10ユーロをみせ、ブリンディシ（Brindisi　バーリの先）まで行きたいのだと、足らない分を乞うてきた。特急が来る。そのアフリカンが荷物の上げ下ろしを手伝っていた。人間が生きていくことのきびしさ。

1）バーリ（Bari）

　14時バーリ着。ホテル・エクセルシア・デイ・コングレッシ（Hotel Exercior dei Congrssi）は駅正面の反対側出口近くである。

　バーリは人口32万人のコムーネであり、バーリ県の県都、プッリア州の州都でもある。港湾はアドリア海に面し、商業の大中心である。したがって会議などもひんぱんに開かれるのだろう。ホテル側にも主客は会議参加者だ、という姿勢がみえる。

駅の北側の町は道が南北一東西に碁盤模様をえがいている。駅の南側は、地図の上では道がいりくんでみえるが、歩いてみるといずれの道もしっかりした姿をしていて、裏町という感じはない。

　町の東側と北側はアドリア海である。北側の尖端エリアは細い道がいりくんだ地域だというが、今回の旅ではこのエリアにははいらなかった。
　バーリの駅前、東西に地下鉄が走っているが、これにも乗車しなかった。

　バーリからはアルベロベッロ（Alberobello）とマテーラ（Matera）を訪れる。

　バーリでは４泊するので、大きなミネラル・ウオーターのびんを買ってくる。町へでるが、道を間違えて、いくたびもホテルを尋ねる。適切な回答がえられない。イタリア人自身がHotel Exercior dei Congressi を知らないか、音になじまないのかもしれない。

2) アルベロベッロ、プッリア州バーリ県、バーリから南東へ約 50km、人口 11,000 人ほどである。

アルベロベッロへ

　バーリ駅 11 番線は「南 - 東鉄道」(Ferrovia Sud-Est) バーリ＝マルティーナ・フランカ＝ターラント線のホームである。このホームで切符を求めてアルベロベッロへむかう。山を登っていく車窓には時に、石版のつくるトンガリ帽子の屋根をのせた Trulli が、2〜3 軒、あるいは 3〜4 軒、ながれる。確かに旅人に強烈な印象をあたえる住居で、旅行会社がかなりの力をいれている対象である。ものの本によると、Trulli の起源などはなお不明だそうである。

　何年か以前には、アルベロベッロ駅をおりると力強い Trulli の集落がみられた。現在は普通の家屋を求めようとする力と、Trulli の伝統を残そうとする力がせめぎあっている様相である。伝統的な Trulli が二棟、三棟とかたまっている通りもあるが、また普通の住居群のなかに Trulli が一棟だけ残る姿も、トンガリ帽子の屋根だけを残している住居もあちこちにみられるのである。

3）マテーラ

　マテーラはバジリカータ州、マテーラ県、マテーラ市、人口約 6 万人、洞窟住宅で名高い。1993 年にユネスコ世界遺産に登録されている。かつてはバジリカータ州の州都にもなった。サッシ（Sassi）とよばれる洞窟住宅の何割かが商店、食堂などに利用されている。

　マテーラへいく電車も Sud-Est のホームから出ると思ったがちがっていた。バーリ駅を正面にみて（北から南へみて）、右手の方向、つまり、西の方向に 4 本異なる会社の電車がでており、そのうちの 1 本、フェッロヴィーエ・アップロ・ルカーネ鉄道がマテーラへいく。マテーラ・チェントラーレ（Matera Centrale）まで 4.90 ユーロ。農業地帯を走ってマテーラ・チェントラーレにつく。駅前のバールで 3 人に待ってもらって、ツーリスト・インフォメーションを探しに行く。たどりつくのに大変な苦労を要した。地図（1.5 ユーロ）を求めてバールにもどる。しかし待つほうはもっと苦労だったろう。この間 1 時間弱か？そのあと 4 人でインフォメーションにおもむき、城跡にはいる。

　ついで旅行者用バスの発着所をさがしてあちこち歩き回る。最終的には駅前で同バスに乗る。バスのドライヴァーは「チケットは終点で求めればよい」と、鷹揚である。大きな渓谷を降りていく。バス路の横は通常の家が渓谷の下へとくだっていくの

だが、渓谷の前方は岩石が降りてきており、ところどころでそれが家屋の玄関口となり、また窓にもなっているのがみられる。マテーラ特有の石の穴居群、サッシ（Sassi）である。渓谷の底は教会、公共機関の事務所、食堂、土産物屋などがひしめいている。

　1ユーロのチケットをもとめれば、3時間まで公共バスに乗れることを知ったので、このチケットを求めて、いくども町を周遊する。もっとも、せまい町なので駅とサッシのあいだは7～8分ていどしかかからない。

　帰りの車中で日本人の旅行者が話しかけてくる。大阪の人で、イタリアを歩き、ついで東欧にはいるという。私たちのあいだでも、定年後の卒業旅行だろうというみかたと、まだ40歳ほどではないか、とみかたがわかれた。

　バーリに帰着したときに切符のチェックがあった。イタリアの鉄道では初めての経験である。車中で会った旅行者は、バーリの港から東欧にはいる汽船にのるため、改札口であわただしい挨拶をかわした。

4）バーリ再び

　日曜日、2人ずつでバーリ市内を歩く。東側に少し歩けばアドリア海にぶつかる。北へすすんでもアドリア海の波はつねに

傍らにうちよせている。

　私たちは北へ歩いたがすぐに海辺へ出た。小舟でとってきた魚、ムール貝などが売られている。海岸を歩き、いくたびもベンチでゆっくりと休んだ。昼食をとるべく駅の方向にむかうが、市内の道はひたすら南北に向かうのみで、これを横切ることができない。何人もの人にたずねて、北方向へかなり戻りながら西方向へ道を横切って、やっと駅近く、食事のとれる大きなバールにはいる。仲間もここで食事をとっていた。私たちもリゾットとパンをとる。

　昼食は終わったのだが、バーリ市内の散策はなお思い通りにすすまない。時間があるのだから、市内のツーリスト・バスがあればそれに乗ろうというしごく当然の希望である。バールを出て、バス会社の従業員らしきものに尋ねると、「ここから北へ500メートルのマッサーリ広場からバスがでている」という。かんたんにそれに従ったが、マッサーリ広場までははるかに遠かった。

　私たちは疲労困憊して、ホテルにかえることにする。だがそこから駅までが遠かった。日曜日だからか、バスはこない。8ユーロと約束してタクシーに乗る。駅について、8ユーロの小銭はあったが、10ユーロ札をだすと、つり銭は1.5ユーロしかないという。10分前に8ユーロと約束したはずだと、小銭の8ユーロをだして車をおりる。あとになって考えてみると、「0.5

ユーロはチップとしてもらいますよ」ということが理解できた。こちらもけちくさかった。

　仲間も、バス停で待てどもツーリスト・バスは姿をあらわさなかったそうだ。

糸杉の小道

④バスの中で、白タクを紹介される。

　駅前をでたバスはタオルミーナのバス・ターミナルへのぼっていく。私たちはホテル・コンドル（Hotel Condor）へ行くのである。何とはなしに、隣席のイタリア人に話しかけた。
「ホテル・コンドルをご存知ですか？　バス・ターミナルからどのくらいの距離になるのでしょう？」
　隣席の人は、異なった角度の答えを返してきた。
「私の友人に、10ユーロでホテル・コンドルまで送るよう頼んであげましょう。」
　10ユーロが妥当なプライスかどうか、おもいをめぐらすこともなく、面倒になってしまった。交渉成立である。バス・ターミナルに待つ白タクでホテル・コンドルに直行した。

　どんな答えが返ってきても、とっさに対応する力がないな、と感じた。

第Ⅴ章　半島の東側バーリから半島の西側サレルノへの移動

　バーリからサレルノへの移動については、3つの道筋がある。

1）第1の道筋

　バーリからいったんフォッジャへもどり、ここからベネヴェント（Benevento）、カゼルタ（Caserta）をへてサレルノにでる。ベネヴェントはローマ時代から重要な都市であり、カトリック教会の下でも教会の重要な拠点であった。人口6万人ほど、ベネヴェント県の県都である。カゼルタには18世紀にナポリ王国の建設したカゼルタ宮殿がある。まことに華麗な宮殿である。この都市もカゼルタ県の県都である。

2）第2の道筋

　バーリから南方向のターラント（Talanto）へ向かい、メタポント（Metaponto）からアッペンニーニ山中にはいり、北北

西にすすみ、エーボリ（Eboli）、バッティパッリア（Battipaglia）をへてサレルノにいたる。エーボリは、ファッシストに逮捕され、のちに流刑されたC.レーヴィが「キリストはエボリに止まりぬ」を書いたところである。

サレルノからヴィッラ・ディ・S.ジョヴァンニ（Villa di S.Giovanni）へ南下し、シチリアへの連絡船にのる。

3）第3の道筋

ターラントからターラント湾にそってレッジョ・ディ・カラーブリア（Reggio di Calabria）へ南下し、ここからヴィッラ・ディ・S.ジョヴァンニへ北上する。

どの道筋をとっても、ローマの南をゆっくりと体験できるだろう。とりわけ、第3の道筋はレッジョ・ディ・カラーブリアに宿をとるので、半島の南奥を歩く経験ができる。

4）移動

第3の道筋を経験してみたかったが、旅の日程と時間を考えて、チケット売り場では行く先をサレルノとした。でてきたチケットは第二の道筋のものであった。バーリからまずターラントへすすみ、そこで列車をのりかえ、アッペンニーニの山中をメタポント、ピスティッチ（Pisticci）、グラッサーノ・ガラー

ク（Grassano Garag）、ポテンツァ（Potenza）と下る列車で、エーボリをへて、バッティパッリアからサレルノへでるのである。

　ターラントで13時59分のインター・シティーに乗り換えた。ターラント湾ぞいをメタポントまで走り、そこから、アッペンニーニ山中はいってピスティッチ、グラッサーノへと北上する。すでに訪れたマテーラはグラッサーノの東側に位置する。グラッサーノをすぎると列車は西方向に向きをとり、アッペンニーニのふかい山あいにはいっていく。樹々におおわれた斜面を走るかとおもうと、高い山から垂直にくだる崖下をかすめる、また北側・南側の高い山の上に大きな町もみえる。アッペンニーニ山脈の風景を楽しむこと3時間余り、列車はエーボリに停車して、サレルノについた。

糸杉の小道

⑤交渉、お見事！

　ファブリアーノで、ウンブリアに住む知人家族と食事をかこむ約束をしていた。ファブリアーノの町を北にすすみ、中心部をこえた登り坂に、何軒かのトラットリーア、オステリーアが並んでいるところにきめた。

　18時30分ごろウンブリアの知人家族が到着、夫婦と、少年から青年に移行している2人の息子である。オステリーアにむかう。土曜日とあって、想像もしなかった人出である、まさに人、人の波である。さいしょのオステリーアは満員であった。説明されて、私は簡単にひきさがった。少し先のオステリーアも予約で満員であるという。私にはどうすることもできない。ここでイタリア人の夫が「話してみる」と、交渉をひきついでくれた。しばらく話していたあと、テーブルに案内された。全員がテーブルについて、注文にはいる。どうしてこれが可能なのか？

　ビール、じゃがいものニョッキ、牛のステーキ、鶏のステーキ、ハムなどが運ばれてきて、食事が始まる。会話もはずんだ。

　1時間ほどで食事が終わった。急いだという気持ちはなく、すくなくとも私たちはゆっくりと夕食を楽しんだ。ウ

ンブリアの家族の、とりわけ、サッカーの実力抜群という2人の若者が満足したかどうかはわからないが。20時、入り口付近に待つひとがおおくなり、私たちは席を立った。そのときになってはじめて気がついた。イタリア人の夫が交渉を始めたのが19時、彼は「席を予約している満員の客がやって来る20時にはテーブルを明ける」ということで、話をつけたのだ。交渉、お見事！

第Ⅵ章　サレルノ　→エーボリ　→パエストゥム　→ヴィッラ・ディ・S.ジョヴァンニ　→メッシーナ

1）サレルノ

　サレルノはカンパーニア州、サレルノ県下のコムーネで、人口134,000人ほどである。

　現代的で明るいサレルノは海辺の町で、ホテルの前からも、横からも砂浜を散歩することができる。西に半島がつきでており、美しい松並木が半島の先端へつづく。平行する浜辺は数多くの海水浴客をあつめる。北側の背後に町がひろがり、また、町の東側にも住宅街がのびる。

2）エーボリ

　エーボリは1920年代C.レーヴィが『キリストはエボリに止まりぬ』（岩波書店『キリストはエボリに止りぬ』上村忠男訳）

を書いた町として知られる。ファシストによりエーボリに流刑されていたレーヴィは、マラリヤが蔓延し、古いままに変わることなく持続されているこの地方の人間関係、コミュニティのありかたを詳細に描いている。エーボリからターラントをみはるかすコースについても、「丘の頂上はるかにイルシナ、クラコ、モンタルバーノ、サランドラ、ピスティッチ、グロットレ、フェランディナ、山賊の巣窟がみえ、その彼方は海になってメタポントやターラントがあった」と描写している。

3）パエストゥム

列車で1時間ほど南に、古代ギリシャの都市であったパエストゥム（Paestum）がある。ドーリア様式の3つの神殿はBC600〜450年頃の建築、その他、公共広場、円形劇場、運動場、浴場などの巨大な遺構がのこされている。中世の初めから19世紀までは忘れられたような存在であったが、保存はたいへんよい。現在はカンパーニア州、サレルノ県、カパッチョ市（Capaccio）に所属する。カパッチョ市は海に面した海浜のリゾートでもある。

4）ヴィッラ・ディ・S.ジョヴァンニ

シチリアからローマへの帰途、サレルノのおなじホテルに泊まるので荷物の一部をホテルにあずけてチェック・アウト。10時30分ごろの特急で出発した。右に地中海をみながら下る。

買ってきたパンとチーズで車中昼食。15時ごろヴィッラ・ディ・S.ジョヴァンニ（Villa di S.Giovanni）につく。列車は高架線上に停車する。それから、時間をかけて、ゆっくりと、船腹に列車をいれる作業をすすめる。まず、高架線上の列車は地上におりる。そのあとも、時間をかけて、一車両ごとに船腹にはいっていく。かなりの時間が経過した。落ち着いてから甲板にでる。

5）メッシーナ

　天気が良く、風もおだやか、したがって波も静か、快適な船の進行である。すすむにしたがって背後にレッジョ・ディ・カラーブリアの町がひろがり、前方にシチリアのメッシーナ（Messina）が近づいてくる。甲板にのぼってきた階段を間違いのないよう確認して席にもどる。船が動き出してから30分ほどでメッシーナに接岸、ここでも、時間をかけて、ゆっくりと作業が進行する。列車はまず地上にのぼる。メッシーナはシチリアの港と称される。12世紀、ノルマン王朝により建造されたドゥオーモ広場（Piazza del Duomo）、同時期カタラーニのアンヌンツィアータ教会（Annunziata del Catalani）が現在の町を代表するものであろう。そのあとパレルモへ向かう列車と、タオルミーナからカターニアへ向かう列車がそれぞれ高架線上の線路につく。

糸杉の小道
   いとすぎ こみち

⑥私たちもおうようでなかったかな。

　バーリ滞在4日め、日曜日とあって、私たちは2人ずつにわかれてバーリ市内を散策していた。
　夕方、かなり疲労して、ホテルへの帰途についた。

　日曜日、交通手段は極端に少なくなる。待てども、待てどもバスは姿をあらわさない。タクシー・ドライバーに駅までの料金を尋ねると、8ユーロだったという。

　乗車して、バーリ駅で下車した。8ユーロの小銭はあったのだが、あまり考えることもなく、10ユーロ札をだしてお釣りをもらおうとした。ところがタクシードライバーは、つり銭は1.5ユーロしかないという。10分前に8ユーロと約束したじゃないかと、カチンときた。1.5ユーロのお釣りを受け取る気になれず、小銭の8ユーロをだして車をおりる。

　あとになって、「0.5ユーロはチップとしてもらいますよ」と言っていたのだ、ということが理解できた。

第Ⅶ章　メッシーナから、あでやかで、絢爛、タオルミーナへ

1）メッシーナ　タオルミーナ

　タオルミーナはシチリア州、メッシーナ県下のコムーネ、人口 11,000 人ほどである。駅は海浜に近く、北方向にタオルミーナの町が高く登っている。町は 150 〜 200m の丘陵地にかなり広い平面部を拡げ、その平面部をこえてさらに高々としたはるかな尖頂部へと登っている。

　まずバスに乗る。ピランデッロ通りをのぼっていく。海浜と（イーゾラ・ベッラ　isola bella　美しい島）などの光景がバス背後に遠ざかる。車中、隣席のイタリア人に、「ホテル・コンドルはバスターミナルからどのくらいの距離か」と雑談風に話しかけると、商売の反応がすぐにあった。彼の友人のタクシーに 10 ユーロで頼んでやる、という。面倒なので頼むことにする。タオルミーナの中心バスターミナルに着く。ターミナルから商店街にかこまれたピランデッロ通りが町の中心部にすすむ。中

心部を左折すると、ギリシア劇場通りにはいる。ギリシア劇場通りは、左からくる町最大の繁華街ウンベルトⅠ世通りとクロスする。

駅前ピランデッロ通りから丘にはいらずにまっすぐ北方向へすすむと、ケーブルカーの乗り場につく。ケーブルカーはバスターミナル近くのピランデッロ通りにのぼる。

頼んだ白タクでホテル・コンドルへ

ホテル・コンドルはかなり高いところにあった。カップチーニ教会（Cappuccino）から入っていくカップチーニ通り（Via Cappuccino）にあって、東南東を向く部屋からはタオルミーナの町全体が一望できる。みごとに配置された公園とその樹木が、高台にひらかれた町から海岸へと下っていく緑の斜面が、海浜のかなたに陽光をきらきらと反射する青緑色の海が、バス・ターミナルの雑踏と廃棄ガスまでを、むしろ光景の一部にしている。

ミネラルウォーターなどを買いにでる。もう薄暗い。帰り道を失わないことに最大の注意をはらう。幸いホテルのある「カップチーニ教会奥の通り」（Via dietro Cappuccino）をでてすぐのところに店があったので、ミネラル・ウオーター、果物などを買う。ぶどうはたいへん美味で、しかもやすい、日本ならば1000円近い房が100円を下まわる、このあと夕食にでかけ、

食品店の隣のレストランにはいる。同行者が。エビをオーダーしたが、もってきたものは烏賊であった。苦情をいうと直ぐにエビをもってきた。またガスいりミネラルウォーターを2本たのんだが、ガスのはいっていないナチュラル・ウオーターがきたのでこれも替えてもらった。

あとでカメリエーレは「客の数が大変多く、カメリエーレが足らなかった」とわびにちかいことを言っていた。たしかに、夏休み＝若者のヴァカンスをおえたタオルミーナの町は、年金生活の老人で膨れ上がっている。

2）タオルミーナ2日め

4時15分起床、8時近く朝食。朝食をとるテラスからの眺望がすばらしい。タオルミーナに登ってくる丘、タオルミーナの広場、それをかこんで見事な配置をみせる樹林帯、南につづく海岸、それを越えて遠望するイタリア本土と、レッジョ・カラーブリアへとつらなる街並み。昨日と同じ歓声をあげないわけにいかなかった。

朝食後まずツーリスト・インフォメーションに行き、地図をもらう。ついで近くの「ローマの劇場」へ。まことに小規模な芝居の上演場だが、芝居を愛するローマ人たちがあつまったのだな、と感ずる。そこから商店の立ち並ぶにぎやかな路を登るとギリシャの劇場、直径109mの壮大な建築物で、直径35m

の舞台も広い、数多くの座席、背後にひろがる林、さらにその背後に大きく広がる海。「ローマの劇場」の1000倍の規模がある。ヘレニズム時代に建造され、ローマ人によって再築、最近も再築されている。

　そこをでて2人ずつに別れる。私たちは昼食のあとウンベルトⅠ世大通り（Corso Umberto I）、ローマ通り、チェーザロ公爵公園（Parco Duchi di Cessaro）など、タオルミーナの中心部を歩き回る。

　夕食は、昨日、満員だったトラットリーア、落ち着いてゆっくりとした食事を楽しむことができた。

3）タオルミーナ3日め

　バスでモーラ城（カステルモーラ　Castelmola）へ登る。バスターミナルの位置するタオルミーナ中心部からホテル・コンドルも十分に高い位置にあるが、モーラ城はタオルミーナのもっとも高い所に登っていく。バスは商店街からでる。ある店の前で切符を売っていた店員にきくと10ユーロだという。しかし昨日、同行者たちが確認していたのは4ユーロだったというので、バスが出発するところまで下り、4ユーロの切符を買って、乗り込む。いろいろな商売があるものだ。10ユーロをとるバスはそれなりの付加価値をつけているのだろう。バスは環状通り（Via Circon vallazione）からモーラ城通りをぐんぐん

と登っていく。タオルミーナの尖頂部、モーラ城につく。小さな山城が静かにねむっている。5分もあれば城の全域を歩いてしまう。バール、レストラン、土産物や、教会などが集まっている。ここも15分もあれば全域をめぐってしまう。

　町の中心部まで歩いて降りるのもよい想い出になるのだろうが、残念ながら旅の疲れがたまっているので、バスでおりる。同行者たちはこのあとケーブルカーで海岸へおり、浜辺を歩いたという。

糸杉の小道

⑦シチリアの"米コロッケ"

　タオルミーナの町を2人ずつにわかれて散策し、昼食もそれぞれにとった。私たちは食事をもち帰る店で買い物をし、店の前に設置されている大樽のようなテーブルに席をとった。もとめたのはスープ、マカロニ、パン、サラダ、などおとなしいものである。2つの大樽はそれぞれ2～3人がすわれるテーブルである。イタリアの食事はそんなテーブルでも十分においしかった。満足して大樽の席を立ったところに仲間の2人が通りかかり、大樽に席をとった。

　仲間の2人は"米のコロッケ"を求めた。こういう店で、通常のスープ、マカロニを食するよりは、ずっと食通だな、と感じた。米のコロッケは、私の配偶者が以前からたびたび食しており、おいしい、という。シチリアの米のコロッケは大きさでも目を見張らせるものだった。小ぶりのグローブほどはあろうか。食通の仲間も食べきれなかったようだ。

　一部始終を観察していたわけではないが、翌日、仲間は残したコロッケをおいしそうに食べていた。食物を大事にする戦中世代の輝きである。

第Ⅷ章　エトナ山周遊鉄道

1）タオルミーナとエトナ周遊鉄道

　今回の旅ではローマの東と南、シチリアのタオルミーナを、列車とバスによりのんびりと歩くことだけが念頭にあった。タオルミーナも3泊すれば十分に歩けると計算していた。事実そのとおりだった。タオルミーナの西南西の方角に終始雲に隠れつづけているエトナ山を歩くことは予定にいれていなかったし、また、エトナ山をめぐるバスの出発がホテルの朝食前の時間なので、早々とエトナめぐりをあきらめたのである。ところがちょっと調べてみれば、エトナ山を一周するエトナ周遊鉄道の終着駅がタオルミーナの鉄道駅からわずか20分でしかないのである。ここから周遊鉄道に乗車すればごく簡単にエトナ山にアクセスできる。

　それでこの章では、タオルミーナを訪れる旅行者がエトナを旅の日程にくみこむように、エトナ山、カターニアを始点とするエトナ周遊鉄道、タオルミーナから20分のジャッレ・リポ

スト駅 (Giarre = Ripost) についてふれておくことにする。

　エトナ山はなだらかな円錐形で、姿は富士山に酷似している。3323メートル、3776メートルの富士山よりひとまわり低い。ただし活発な噴火をつづけるエトナの高さは噴火によりわずかだが変化する。エトナ山の火口の大きさは、東西800メートル、南北500メートルと、富士山の直径800mにやや近い。富士山の火口の位置する高さが富士山の火口の直径をややエトナ山に近づけているのだろうか？　1700メートルあたりまでは栗や樫の森林がひろがり、その近くまでかんきつ類、ぶどうが栽培されている。

　すでに19世紀末に建設されたエトナ山を一周する周遊鉄道はタオルミーナの南30kmのカターニアを始点とする。始発駅はカターニアの西北部、A.リンカーン広場ボルゴ駅である。

　周遊鉄道はまずエトナ山の南麓を西に走る。火山岩がいたるところを占め、そのあいだにサボテンが繁茂し、小さな植物が朽ち、長い年月をかけて土ができ、長年にわたる人の手がオリーヴ、小麦、ぶどう、すもも、オレンジの畑をつくっている。北東方向、長い裾野の彼方にエトナ山は絶えずくっきりと姿をみせている。夏季、南側の雪は少なく、ひも状の模様が山頂近くをかざる。

2）カターニアからパテルノー

やがて海抜225mのパテルノー駅につく。パテルノー町は山間部の小さい、静かな町である。みごとな都市計画、宗教権力が吸引した富み、権力者が吸い上げた巨大な富が宝石のような町をみせてくれる。パテルノーの中心は独立広場、奥の17世紀のSSアンヌンツィアータ教会（Chiesa di SS Annunziata）の内部は楕円形である。教会の右、モナステーロ通り（Monastero）にS.バルバーラ教会（Chiesa di S.Barbara）がつづく。マトリーチェ通りを上ると、絶壁の上の平坦な部分にS.マリーア・デッラ・アルト教会（Chiesa di S.Maria dell'Alto 14世紀に再築）、城（Castello）、玄武岩の壁。これらが町を支配し、北のエトナ山、南、西、東、にひろがる山裾と高原を遠望する。パテルノー城は四辺形の強力なノルマンの城である。11世紀の建造で、13〜14世紀に再築された。

3）アドラーノ

エトナの西側に入ると小麦、ぶどう畑もみられる。山頂近くの雪渓が大きくなる。線路は曲折し、エトナの山頂は時に列車から姿をかくす。そしてアドラーノの町に着く。

海抜560m、シメート渓谷とサルソ渓谷にのびる溶岩の高原上に位置するアドラーノはオレンジ、ピスタチオ、蜂蜜生産の

センターである。すでに先史時代から人が住んでいたという。住みよいところなのだろう。ただし、この駅などは、駅とも言えず、線路にごみが吹き寄せられている。エトナ周遊鉄道という美しい響きが泣かされる。こういうところには注意が払われていないのである。ところが駅から坂を下ったすり鉢状の広場、公園は美しい。広揚のかなたの登り坂に堂々とした姿を誇るS.ルチーア修道院と教会（Chiesa di S.Lucia）がつくる景観には声もでない。驚嘆に値する造形能力である。その先に四辺形の強力なノルマンの城が34mの高さを誇る。11世紀、ルジェーロ伯が建造。14世紀に修築。四角の陵堡と多角形の塔に囲まれる。現在は考古学博物館、美術館、手工芸館等々として活用されている。

4）ランダッツォ

アドラーノをすぎて、北側と東側にはいると、山頂への眺めはさらに変わってくる。力強く繁茂する植物がエトナ山頂への視界を鉄道から切り離すようになるのである。鉄道はランダッツォ中心として東海岸までひろがる生活圏の足となっている。765mに位置するランダッツォの町は溶岩のなかに設立され、中世の様相を維持している。西から東へ、マルゲリータ妃通り（Margherita）、ウンベルト通り（Umberto）、アブルッツィ公爵通り（Duca degli Abruzzi）、さらにS.マルゲリータ通り（Santa Margherita）が平行するように走っている。その通りの北はアルカンタラ川である。西端にズヴェーヴォ城（Svevo

現在は考古学博物館)、その東側がS.マルティーノ教会（S. Martino)、さらに東へ、S.ニコロー教会（S.Nicolo)、S.マリーア教会（S.Maria)、SSアンヌンツィアータ教会（SS. Annunziata) などが連なる。

　周遊鉄道はパテルノー、アドラーノ、ランダッツォ等をへて東側のリポストまで11kmを走ってきた。海抜35メートルのカターニアから、もっとも高い976mロッカランナまで登り、42mのジャッレ、7mのリポストへ下る。タオルミーナからは、すでにのべたように、国鉄のジャッレーリポスト駅（Giarre―Ripost) まで20分である。

　エトナ周遊鉄道は終点・東海岸のリポスト（Ripost) でおわる。その手前ジャッレで国鉄とクロスする。カターニアへは30kmだが、すでにのべたようにタオルミーナへは18kmである。

糸杉(いとすぎ)の小道(こみち)

⑧列車の中の老婦人

　タオルミーナからサレルノへもどる車中、私たちの前の席にはきれいな身なりをした老婦人がすわっていた。外はまだ夏の暑さ、車内の冷房は全力をあげている。席に着いた私たちは外の暑さと、冷房の強さにややとまどい、窓の下からふきでる冷気を少しおさえようとハンカチをあててみたが、さしたる効果はない。そのとき前の席の老婦人が「これを使いなさい」とちり紙をさしだしてくれた。ちり紙のあつさにおどろいてしまった。中途半端なあつさではない。2センチ、3センチではない。5センチのあつさでも、10センチのあつさでもない。15センチはあるちり紙で、窓枠からふきでる冷気をおさえなさいというのだ。15センチのちり紙をわたされて、気風のいい人だなと感じた。
　老婦人は足が不自由で、杖をついて下車口へむかった。私たちが協力する必要はなかった。婦人が下車するホームには公共機関の扶助者が車いすをもって出迎えていた。

第Ⅸ章　メッシーナから輝くパレルモへ

　メッシーナの高架線上から南方向への列車にのり、タオルミーナ、エトナ山周遊鉄道をめぐってきた。もう一度メッシーナにもどる。高架線上には、西方、パレルモへ向かう列車がまっている。メッシーナからパレルモまではで3時間ほどでしかない。メッシーナまできていながら、パレルモへ足をのばさないのは大変惜しい。以下、パレルモについて簡単にふれておこう。

１）諸権力間の争い

　地中海への入り口という戦略的に重要な位置をしめるシチリア島と、その中心都市パレルモは、古代、中世から、各人種、各権力の争奪の対象であった。

　BC 8世紀　ギリシャの植民都市
　BC 5世紀　カルタゴの攻撃をうけ
　BC 3世紀〜AD 2世紀のポエニ戦争にまきこまれ
　6世紀　ビザンチンの勢力下に、

10世紀	シチリア全島がイスラム勢力下に
10世紀	神聖ローマ帝国の下に
11世紀	ノルマンの征服始まる
12世紀	十字軍遠征中にノルマン王朝終わり、バルバロッサの系統下に
13世紀	シャルル=ダンジューの下に
	アラゴンの王の下に
15世紀	オスマントルコ　南イタリアのオトラント占領
	シャルル8世　ナポリ王国征服
18世紀	イタリアにおけるスペイン領すべてオーストリア傘下に
	サヴォイア公ヴィットーリア=アメーデオ2世がシチリア王に、スペインがシチリアを奪回
	ハーグ条約によりサヴォイア公サルデーニャ王に

2）クワットロ・カンティ

　それだけにパレルモは各征服集団の植え付けた文化が燦然と輝いている。華やかなパレルモは、南西から北東にのびるV.エマヌエレ通りと、南東から北西にのびるマケダ通りの交点クワットロ・カンティを中心とする。クワットロ・カンティの4つの角は浅く、円形に穿たれ、3層にわけられたそれぞれの窪みには、像、窓、装飾がきざまれている。プレトーリア噴水、S.カタルド教会、サン・ジュゼッペ・テアティーニ教会、ファレニャーミ礼拝堂がこれにならぶ。

3）クワットロ・カンティの南西部

　ノルマン宮殿、パラティーナ礼拝堂、新しい門、ジョヴァンニ・デッリ・エレミーティ教会、カテドラル、大司教館、ボローニ広場が散らばる。

新しい門
　ノルマン王宮の北側、V. エマヌエレ通りがカラタフィーミ大通りに接続しようとするあたり、「新しい門」が通りをまたいでいる。16 世紀、カルロ 5 世のチュニジアからの勝利の帰還を記念して建造されたものである。開廊が上がり、円天井の屋根はマジョルカ陶器の尖塔である。

ジョヴァンニ・デッリ・エレミーティ教会
　王宮の南には S. ジョヴァンニ・デッリ・エレミーティ教会の大きな後陣の正面が建つ。12 世紀、ルッジェーロ 2 世が建造させた。パレルモにおけるアラブ・ノルマン様式のもっとも有名な記念である。小さな四角形の切り石をむき出しにした建築、そこから分離している深い単窓が目印となる鐘楼、クーポラという立体的な要素と混ざる十字はイスラム教徒の工匠たちによる。

カテドラル
　ノルマン王宮の北側はカテドラル広場、15 世紀後半拡大され、

欄干と像で飾られたバルコニーに囲まれ、中央に聖ロザリアの大理石像、空間はカテドラルの量感が支配する。以前、バジリカのあった場所に建造されたが、アラブ人がモスクに変換し、12世紀、ノルマンによりキリスト教の礼拝場にもどったのである。その後も継続的に手がくわえられ、バジリカ風平面波ラテン式十字に、翼廊をくわえ、クーポラを架設した。マッテーオ・ボネッロ通り上の主ファサードは14〜15世紀の様相を維持している。教会の北正面は16世紀半ばのガジネスコ派の回廊である。新しい聖具室の祭壇にもアントネッロ・ガジーニ作の影像がある。南正面、2本の塔のあいだに、カタラーノ・ゴシックの大きな廻廊（15世紀）、3つの高い尖塔アーチ型開口部とゴシックのモティーフで飾られたティンパニーなどが上がる。

大司教館

広場西側、15世紀に建造された大司教館は18世紀に再築されているが、ファサードに優雅なカタラーノ・ゴシックの3連窓など、15世紀の跡がのこっている。左、第2の中庭から教区博物館にアクセスすると、ガジーニ族（アントネッロ、ファツィオ、ヴィンチェンツォ等）の作になる燭台、タイル、彫像「苦痛」などをみることができる。

ボローニ広場を囲む建物

V. エマヌエレ通りの東側はボローニ広場である。周囲の建築物はバロックに統一されている。ウーゴ館は18世紀初めに建造されたが、17世紀の痕跡をもつ。西側正面、ヴィッラフ

ランカ館は17世紀のもので、内側はロココ風装飾である。正面のS.アンジェロ使徒学校には、18世紀の扉と中庭が維持されている。現在は軍司裁判所となっている。

4）クワットロ・カンティの北東部

ワットロ・カンティからV.エマヌエレ通りを北東方向、海に向かってすすむ。

S.マリーア・ディ・ミラーコリ教会

海を漸次うめたてていったマリーナ広場の周囲にはさまざまな建物が建てられ、中世の重要な拠点となっている。南側、ルネッサンス風S.マリーア・ディ・ミラーコリ教会は16世紀の扶け柱の優雅なファサードをもち、内部は左右対称の3身廊である。西にガッラッフォ噴水がある。

ガリバルディ庭園とキアラモンテ館

広場の北東はガリバルディ庭園で、豊かなてすりがみものである。その東のキアラモンテ館は力を持っていた貴族の館である。

アバテッリス館

アッローロ通りにある。アバテッリスは15世紀末、王国の航海管理人、法務官であった。カタラーノ後期ゴシック様式で、2つの塔のなかに建つファサードの2階に3連窓をもつ。

5）クワットロ・カンティの西北部

マケーダ通りを西北にすすむと、ルッジェーロ・セッティモ通り、自由通りにつながる。

7730㎡の歌劇の殿堂、マッシモ劇揚、州立考古学博物館、ポリテアーマ劇場、近代美術舘などがならぶ。

6）山上の門前町モンレアーレ

このあと、パレルモの南西方向▶山上の門前町モンレアーレにおもむく。独立広場からモンレアーレ行きのバスで40～50分ほどである。12世紀以来、大司教座をはじめとして数多くの宗教機構が設立されている。ドゥオーモ、ベネディクト派の回廊つき中庭、S. アントーニオ教会、SS. トリニター教会、いくつもの神学生学校、S. カストレンセ教会、モンテ教会、聖堂参事会教会など、まさに豪華絢爛たる門前町である。

以上のように、さまざまな人種、権力がはげしくあらそい、また文化を刻み込んだ、眼を見張るような歴史を、メッシーナからわずか3時間のパレルモでみることができる。

糸杉の小道

⑨サボテンの実

　ローマ以南、またシチリア島では、サボテンがひときわ色あざやかである。透明なうす緑を感じさせるようなすはだ、それをまもるするどい針、これに赤い実がくわわって、びっしりと繁茂する姿には心をひかれる。うす緑のサボテンはステーキとしても食される。

　小さな種をふくむ赤い実の内部は、さらに真っ赤なゼラチン状である濃い血のような樹脂である。これがマーケットなどで売られている。むいて食してみると、果物のジュースを煮詰めて、冷やしたようである。甘すぎることが欠点か。

第Ⅹ章　広々としたシチリア州の東西南北

1　西のエリア

　最初、シチリアの西に足をのばすことからはじめよう。パレルモから高速バスでおとずれるのは西端、トラーパニ、エーリチェ、セジェスタである。
　トラーパニは金銀細工、サンゴ細工、商業、海運が発展、豊かな町で、サン・ジュリアーノ山斜面から岬にひろがる県都である。
　リニー塔へ向かう海辺にそったリニー塔通りをゆっくりと歩く記憶は消え去りようがない。

　エーリチェはトラーパニの北東5km、751mのS.ジュリアーノ山頂のノルマンの城を中心にして築かれている。等変な正三角形は宗教と関連しているともいわれる。豊曉や航海の安全を祈る聖地であった。トラーパニからバスが直行する。

　トラーパニから東方へ30kmほど、セジェスタ考古学公園で

ある。公園内東側バルバロ山は431mの高さ、アクロポリス、集落、砦、劇場の跡があり、西側305mの山頂には神殿跡が相対している。

島西端の3つのエリアを訪れ、歩いた記憶は深く心にのこる。

2 南、アグリジェント

つぎに訪れるのはシチリア島南海岸である。西のエリアから西南の海岸をめぐるバスがアグリジェントへつれていく。すばらしい旅程である。アグリジェント周辺の海岸では、海岸から2kmほどはいった海抜100mの丘陵地帯にギリシア人が町をつくった。神殿跡、居住地跡からなり、考古学の谷とよばれるエリアである。ジュノー神殿、コンコルディア神殿、ヘラクレス神殿があり、考古学公園西にもゼウス、オリンピコ神殿、火の神の神殿、カストルとポリュデウス神殿がつづく。

中世以降、北のジルジェンティの丘にかけて町がのびた。考古学の谷と、勝利の並木道通りをつなぐゾーンである。

勝利の並木道通りをのぼると、カテドラル、アルホンソ・デ・リグオーリ教会、司教区博物館、市立博物館、S.フランチェスコ・ディ・アッシジ教会などがつぎつぎとあらわれる。

町の生い立ちからすると、考古学ゾーンから中世の町が発展

していったのだが、旅人はふつう、この生い立ちとは逆に、中世以降の町、勝利の並木道通りから、考古学の谷を見下ろして、このゾーンにおりていく。

3　パレルモ東方向、山上の町エンナ、カルタニセッタ

エンナ

　エンナは1000mの山上の町である。26,000㎡のロンバルディア城が東端の丘の上にあるのをはじめとして、宗教権力の建造物も高いところにつらなり、北側に急な斜面がおちている。チェントロ・ストーリコはこのエリアとは連続するようには発展しなかったのである。

カルタニセッタ

　エンナの南、S．ジュリアーノ山の南斜面に形成された町で、チェントロ・ストーリコは山上につくられ、近代的な町が山すそに維持されている。

4　カターニア

　カターニアはエンナから東へ70km、島の東海岸に位置する。すでに「メッシーナからタオルミーナ」、「エトナ周遊鉄道」の項でいくたびも言及している。メッシーナの南80kmほど、タオルミーナからは40km弱である。ギリシアの植民初期に建設され、BC3世紀、ポエニ戦役中にローマ人が征服。15,000人

を収容する円形闘技場、7000人を収容する劇場、音楽堂、公共広場、浴場などが建設された。エトナ山の東南側すそ野、シチリアではパレルモにつぐ都市である。

5　アルキメデスの名をつたえるシラクーサ

　カターニアの南60km、早くからシチリアの中心の町であった。ギリシアの植民はオルティージア島から始まり、そこに古い町が維持されている。内陸部奥の公園、考古学博物館、その南の近代的な町から成る。

　ポエニ戦役中、ローマとの戦いにおいて、アルキメデスの化学兵器が大きな役割を演じたこと、テコと支点をあたえられれば地球をも動かして見せると豪語したこと、ある物体を水につけると同堆積の水分だけ重さが軽くなること、王冠に不純物がこめられていないかを調べるようにとの依頼への回答を入浴中におもいつき、裸で街中を走って帰ったなどのエピソードを知る人もすくなくないだろう。

6　バロックの世界遺産・ラグーザ

　シラクーサの西南西、50m山上の町である。17世紀に地震で壊滅したあと、再建された町は3部分にわかれている。駅前の近代的な町、再建されたバロックの町が世界遺産に指定されたエリア、バロック建築をあちこちに配置しながらも、断崖に家が4層、5層につみかさなる古い街並み、小路をのこす東側

低部のイーブラ。2－3泊したい気持ちにとらわれる町である。

第XI章　タオルミーナから、サレルノをへて、オスティアへ

　タオルミーナからサレルノへもどる日である。

　12時20分の列車は40分遅れ。私たちの前に81歳の老婦人。足が不自由で杖をついていたが、下車するホームには公共機関の扶助者が車いすをもって出迎えていた。

　同行者の前にはアラブ系の若者2人、そのうしろにも2人、さらに出口近くにも3〜4人、みなローマへ行くという。英語もわからないようだが、特急の乗車券はもっている。髪も全員が、きれいに刈ってある。ここまでイタリア公共機関の関与を感ずるが、ローマにでてどうするのか？

　同じコースをたどって夕方19時半ごろサレルノへ。おなじホテル、おなじタヴェルナで夕食。ぶどうが廉くて、うまい。

　前日のうちにローマ・テルミニまでの乗車券をもとめておい

た。9時14分発の特急フレッチャ・ロッサ(「赤い矢」Freccia Rossa)、フレッチャへの乗車はこれが初めてである。ナポリの町をあっというまにすぎ、11時10分、ローマ・テルミニについた。ホテルはローマ西郊外のオスティアにとってある。オスティアそのものが魅力的なエリアであるとともにここからなら、ローマの町の散策もできるし、ティヴォリ(Tivoli)も遠くない。

　ローマ・テルミニからオスティアへ向かうのが次の問題である。まず確認したのが、オスティアへの電車の切符はタバッキ(Tabacchi　たばこの販売店)で購入することである。タバッキの数は多い。さいしょにはいった店ではオステイアへの道すじの説明も面倒なようだったが、2軒目のタバッキでは女性従業員が親切に対応してくれた。「まず地下鉄Bに乗ってください。ピラーミデ(Piramide)で乗り換えるとオスティアに向かう電車に乗ることができます。」

　オスティアはテヴェーレ川(Tevere)が海に注ぐローマ西の25kmほどの地域である。古代ローマの重要な商業港であり、ローマ後背の町は最盛期には10万人をかぞえ、墳墓、共同浴場、寺院、劇場、市民広場をそなえていた。ローマの軍団をのせた船も出陣していったのではないか。壮大な町の遺跡がオスティア・アンティーカ・スカルヴィ(Ostia Antica Scalvi)である。レンガ造りの家々、上・下水道、寺院、神殿、共同浴場、浴場床のモザイクにも心が惹かれる。劇場、市民広場など、広い町

の遺跡が目を見張らせる。

　テヴェーレ川がローマとの往来の要であった。2000年のあいだに川はいくたびも氾濫して、泥土が堆積し、またマラリアも町を襲った。ローマの落日とともにオスティアの町も土砂の下に埋もれていった。

　その後発掘がはじまり、それは現在もつづいている。

　ローマからオスティアへ電車がはしり、朝、オスティア・アンティーカ駅、リード・ディ・オスティア駅などから多くの人々がローマに向かい、夕方には家路をたどる。

　オスティア海岸は夏のあいだ絶好の海水浴場として数多くの海水浴客をむかえ、海浜ホテルが並んでいる。数は少ないがオスティア・アンティーカ駅周辺にもホテルがある。私たちが宿をとったのはパーク・ホテル・イン・オスティア・アンティーカ（Park Hotel in Ostia Antica）である。パーク・ホテルへは駅前の陸橋をわたって011または03のバスに乗れと教わったのだが、バール（Bar）でタクシーをよんでもらう。パーク・ホテルはツアー・バスの団体客も受けいれるホテルである。

「チヴォリ（Tivoli）へのグループ訪問」
　オスティア・アンティーカの2日め、友人夫妻は東京で予約してきたTivoliへの団体旅行に参加すべくローマへでかけて

いった。オスティア・アンティーカ駅までは午前中3本のホテル・バスがでる。友人たちは7時のバスを利用した。

　私たちは8時のバスで駅へ赴き、オスティア・アンティーカを訪れて、歩き回った。ローマ時代の建築物の跡が敷地いっぱいに拡がる。住宅、寺院、街路、下水など、ローマの力をひしひしと感ずる。

　公園をでてレストランにはいる。マルゲリータ・ピッツァと、リーゾ・アッラ・ペスカトーレ（riso alla Pescatore　漁師風の米）を注文する。米はややかたいが、たっぷりのエビ、タコ、アサリ、ムール貝で味はよい、

　友人たちは6時半ごろにもどる。

　オスティア・アンティーカ・スカルヴィは月曜日閉鎖なので、4人でスカルヴィの入り口から内部の方をみてから、リード・ディ・オスティアへむかう。駅前の露店で帽子を2つ買う。浜辺を歩き、海水に足をつかる。

　海岸近くのBarでコーヒーをとり、ゆっくりと休む。1時間もいて、このBarにレストランが付随していたら昼食をとろうということになった。レストランは付随しており、定食10ユーロということである。

スパゲッティは太くて、ローマ風のトマト味である。
肉は鶏の小片、
水1本ずつ、

そのあとの菓子ティラミス（tira mi sù）10ユーロはおいしくて、量もたっぷりであった。レストランをでて、駅へ。駅近くのスーパーマーケットで、水、ぶどう、バナナ　サボテンの実などを買う。

16時ごろホテルに。

5時半起床、8時のホテル・バスでオスティア・アンティーカへ。4人で遺跡を見て10時半ごろ友人たちはローマのボルゲーゼ美術館へむかう。われわれはもういちど、遺跡の奥へもどり、バールでゆっくりと休む。

旅の最終日、朝食をとったあと、10時にホテルを出る。ホテル・バスでローマ空港まで一人15ユーロ、タクシーは35ユーロ、11時空港着。

糸杉の小道

⑩《並木道》— olmo・tiglio・cipresso
オルモ　ティッリオ　チプレッソ

　イタリア語でヴィーア（Via）とヴィアーレ（Viale）は「通り」と「並木通り」と訳される。Viaはいたるところにあるが、Vialeも数がおおい。町の外の通り、町と町を結ぶ街道は、亭々たる樹木がつらなる並木通りである。壮観である。樹種は糸杉（Cipresso）、菩提樹（Tiglio）、にれ（Olmo）などだろうか。

　町中にもVialeは少なくない。菩提樹（Tiglio）のVialeによくであう。日本人が「菩提樹」にいだく感覚はシューベルトの「菩提樹」であるが、イタリアでは直径30〜40cmのがっしりとしたTiglioがふかい緑をたたえながら町中のVialeをつくっている。町の郊外の農家へのぼっていく田舎道を美しくかざっているのは糸杉のVialeである。

美術散策 【2】Galleria Borghese（ボルゲーゼ美術館）

　この美術館に入るには、先ず入館の予約をし、そして予約したvoucherを美術館のきっぷ売り場で提示し、ようやく入場券を手に入れることが出来る。入場時間も一日５回に分けられ、9：00、11：00、13：00、15：00、17：00の中から入場者の都合による時間を選ぶことが出来るが入館希望者の多寡により希望した時間に入れないこともあると言う。たまたま私の場合は希望通りの時間帯に入館出来た。予約の仕方などはヤフーやグーグルなどで検索すれば容易に出来る。

　美術館にはテルミニ駅前のバス乗り場で910番のバスに乗る。乗る時に運転手にボルゲーゼ美術館に行くバスかと聞いたがそのためか目的地に着いたら大声でここだと教えてくれた。テルミニ駅前から６停留所？

　美術館に入る時はカメラ以外の荷物はすべて預けなければならない。パスポートや財布など貴重品を身に着けることが出来るような身支度が必要である。

　展示された美術品の中で私が惹かれたのはベルニーニの彫刻であった。特にアポロンとダフネ像（写真参照）やダヴィデ像は鑑賞規定の２時間の間に何回

アポロンとダフネ

第XI章　タオルミーナから、サレルノをへて、オスティアへ

か繰り返し見に行った。
　絵画にも有名な画家の傑作が数多く展示されている。カラヴァッジョ、ラファエロ、クラナファ、ルーベンス、カラッチ、ヴェロネーゼ、ティツィアーノなどなど。機会があればまたぜひ訪れたい美術館である。

美術散策

【3】 噴水庭園『テイヴォリのエステ家別荘』
イタリアの世界遺産
Tivoli（Villa d'Este e Villa Adriana）

Tivoli ツアーは第 14 代ローマ皇帝 Hadorianus の別荘（Villa Adriana）とエステ家別荘とを訪れるツアーである。

Villa Adriana は入ると長いなだらかな坂道が続く。敷地はかなり広く 30 をえる建物跡が点在していて、屋敷の床は多くはモザイク・タイルで飾られ当時の豊かな生活をしのぶことが出来る。屋敷群を抜けた最上部に皇帝や貴族たちが楽しんだ海の劇場がある。（写真参照）

海の劇場

次にエステ家別荘だが、ここは広い敷地のいたるところにある噴水が見ものだが噴水を見る前に通り抜ける建物の中の美しいフレスコ画もまた見ものである。

沢山の噴水の中でもイルカを配した噴水や多産の女神の噴水（写真参照）、オルガンの噴水などがユニークである。オルガンは 2 時間おきに聞けるというが私が行った時はたまたまタイミング

が悪く聞くことは出来なかった。いずれにしても広い庭園の中様々な趣向を凝らした噴水見て楽しむことが出来る。パソコンでローマ近郊の観光地を検索すれば簡単にチボリへのツアーは見つけられる。

エステ家別荘

多産の女神

あとがき

　9月から10月にかけての南イタリアは快適であった。交通機関も、宿も、町も、心と体を元気に、明るくしてくれるばかりだった。夏は北イタリアが私たちを誘うが、秋以降はローマ以南がふたたび誘い続ける。

　その旅に合わせるように、加筆、変更をうけいれて美しい冊子にしあげてくださった朝日出版社の清水浩一氏、近藤千明氏にお礼をもうしあげる。

2018年2月　河野穰

著者略歴

河野　穣

1935 年生まれ。
東京都出身。東京都在住。
桜美林大学名誉教授

著　書
『イタリア自動車産業における労使関係の展開』Ⅰ〜Ⅲ
（1985〜2006、第一書林）

『北イタリア　ピエモンテ州の小さな町々』（2007）
『中部イタリア　マルケ州の小さな町々』（2008）
『イタリア北東部　フリウリーヴェネツィア・ジューリア特別州と
ヴェネト州の小さな町々』（2009）

『イタリア北東部　ドロミーティへのトレッキング』（2010）
『南イタリア　シチリア特別州の小さな町々』（2011）
『南イタリア　サルデーニャ特別州の小さな町々』（2013）—文芸社—
『北イタリア　国境の町々 遥かなる アルプスの峠（上）』（2015）朝日出版社
『北イタリア　国境の町々 遥かなる アルプスの峠（下）』（2016）朝日出版社

ローマの東へ、ローマの南へ、シチリアのタオルミーナへ 3 週間の旅

2018 年 4 月 30 日　初版発行

著　者　　河野　穣

発行者　　原　　雅久

発行所　　株式会社 朝日出版社
　　　　　〒 101-0065 東京都千代田区西神田 3-3-5
　　　　　TEL (03)3263-3321（代表）FAX (03)5226-9599
　　　　　ホームページ http://www.asahipress.com

印刷所　　協友印刷株式会社

乱丁、落丁本はお取り替えいたします
©Minoru Kono 2018. *Printed in Japan*　　ISBN978-4-255-01053-3 C0095